LE
REPOS DU MONDE.

PROJET AUGUSTE FABIUS

OU

PLAN POUR L'AMÉLIORATION DU SORT DES OUVRIERS
EN GÉNÉRAL,

FONDÉ SUR LES PRINCIPES
DE L'ORDRE, DU TRAVAIL ET DE L'ÉCONOMIE.

ADRESSÉ	ADRESSÉ DE NOUVEAU
A L'ASSEMBLÉE NATIONALE,	A L'ASSEMBLÉE NATIONALE LÉGISLATIVE,
LE 19 DÉCEMBRE 1848.	LE 24 JUIN 1849.

PARIS,

Chez ALLOUARD ET KAEPPLIN, LIBRAIRES,
12, RUE DE SEINE.
ET CHEZ LES PRINCIPAUX LIBRAIRES.

LYON,

A LA LIBRAIRIE GÉNÉRALE, QUAI DES CÉLESTINS, 50,
ET CHEZ L'AUTEUR, RUE NATIONALE, 3.

1851.

LE
REPOS DU MONDE.

Projet Auguste Fabius,

OU

PLAN POUR L'AMÉLIORATION DU SORT DES OUVRIERS
EN GÉNÉRAL,

FONDÉ SUR LES PRINCIPES
DE L'ORDRE, DU TRAVAIL ET DE L'ÉCONOMIE.

ADRESSÉ	ADRESSÉ DE NOUVEAU
A L'ASSEMBLÉE NATIONALE,	A L'ASSEMBLÉE NATIONALE LÉGISLATIVE,
LE 19 DÉCEMBRE 1848.	LE 24 JUIN 1849.

LYON.

IMPRIMERIE DE LÉON BOITEL,
QUAI SAINT-ANTOINE, 36.
—
1851.

LE

REPOS DU MONDE.

PROJET AUGUSTE FABIUS,

ou

PLAN POUR L'AMÉLIORATION DU SORT DES OUVRIERS EN GÉNÉRAL

FONDÉ SUR LES PRINCIPES

DE L'ORDRE, DU TRAVAIL ET DE L'ÉCONOMIE.

Enlever aux désorganisateurs de la société la masse innombrable des travailleurs, et faire de ceux-ci les plus zélés défenseurs de l'ordre social, c'est le seul but du projet que j'ai l'honneur de vous présenter.

République ou Monarchie, le sort de l'ouvrier n'a pas changé, et selon toute apparence, ne s'améliorera pas, tant qu'on n'attaquera pas le mal dans sa racine. Dans les temps de paix même, lorsque, par suite de l'activité du commerce, l'ouvrage est abondant et suffisamment rétribué, l'ouvrier gagne péniblement et au jour le jour de quoi subvenir à ses besoins et à ceux de sa famille, bien rarement au-delà, et ne peut rien mettre en réserve pour les temps de chômage ou de maladie. Ceux qui, dans les conditions actuelles du travail, peuvent thésauriser, font une exception beaucoup trop rare.

Or, l'ouvrier attirera toujours les regards des agitateurs, et, s'il ne voit aucune amélioration à sa position, il prêtera l'oreille aux paroles de ceux qui, cachant leurs véritables desseins, lui font de sa misère un tableau trop conforme à la réalité, gagnent ainsi sa confiance et parviennent à l'enrôler sous leur drapeau, sur la trompeuse mais séduisante promesse d'un plus heureux avenir. Il est donc de toute urgence, et avant que les fausses doctrines aient complètement perverti le cœur et l'esprit de l'ouvrier, de chercher les moyens d'améliorer son sort ; voici celui que je propose.

Que chaque corps d'état, en France, s'assemble dans chaque chef-lieu de canton, pour choisir, dans son sein, des délégués qui se présenteront aux chefs-lieux des départements ; là ces délégués éliront deux, trois ou cinq membres des plus capables d'entr'eux qui, sous le nom de délégués généraux, se réuniront dans une ville qui sera ultérieurement désignée et dresseront un tableau du prix du travail, soit à la journée, soit à la tâche, calculé sur une période de vingt-cinq ans. Ce tableau fera connaître combien, dans telle ou telle profession, l'ouvrier a gagné, année commune, combien en maximum, combien au minimum, et quelle a été la durée des temps de chômage. En acceptant cette mission de leurs commettants, les délégués généraux se seront préalablement entendus pour arrêter combien doit gagner l'ouvrier de leur état pour vivre en travaillant, combien par jour, combien par tâche ; dans quelles conditions il pourra, avec de l'ordre et de l'économie, réaliser un pécule suffisant pour parer aux chômages, aux maladies et pour assurer le pain de ses vieux jours.

Le prix de la main-d'œuvre sera égal dans tout le pays, dans la ville comme dans la campagne. Les ouvriers de la campagne, dont les dépenses sont moindres, pourront économiser plus que ceux de la ville, ce qui contribuera à faire refluer un grand nombre de ceux-ci de la ville à la campagne, qui se peuplera du trop plein des villes. Ainsi on verrait se dissiper et se fondre ces agglomérations menaçantes pour la tranquillité publique.

Ce plan peut s'appliquer aux ouvriers de toutes les professions, même aux ouvriers agricoles.

L'ouvrier vous bénira, puisque vous lui aurez donné l'aisance, sans qu'il en ait rien coûté ni à l'État, ni aux particuliers. Le fabricant, le chef d'exploitation, de leur côté, ne se trouveront point lésés par l'augmentation de la main-d'œuvre, qui sera la même par tout le pays. L'ouvrier vous bénira, parce que vous lui aurez donné ainsi, non seulement le bien-être présent, mais encore la sécurité de l'avenir. Et, comme tous ces biens seront, dans sa pensée, attachés à l'ordre et à la tranquillité, il deviendra le plus ferme soldat de l'ordre et de la tranquillité et l'adversaire déclaré des troubles et des révolutions, qui lui coûtent le repos, le bonheur, la vie.

Ici, se présente une objection : comment songer, par l'augmentation de la main-d'œuvre, à augmenter le prix de revient des objets de notre fabrication, quand nous avons déjà tant de peine à soutenir, sur certains de ces articles, la concurrence de l'étranger ? — A cette objection voici ma réponse :

Aujourd'hui, la mesure que je propose peut s'étendre facilement à l'Europe entière, agitée comme nous et tourmentée comme nous du besoin de venir en aide aux classes souffrantes ; tous les pays accepteront avec bonheur, j'en ai l'espoir, ces projets de réforme ; car, dans tous les pays, l'ouvrier de fabrique souffre et ne trouve dans son travail qu'une existence précaire et mal assurée. Partout on accueillera ce plan avec reconnaissance, et alors le salaire des ouvriers à la journée ou à la tâche étant dans les pays étrangers augmenté d'un commun accord, le salaire de nos ouvriers de fabrique pour les produits, où nous avons à craindre la concurrence de l'étranger, pourra être augmenté aussi dans la même proportion, et vous aurez procuré le bonheur, non seulement à notre France, mais encore à l'Europe entière, et dans la suite au monde entier, et cela pacifiquement et de la manière la plus simple.

Mais, si cette amélioration est facilement et immédiatement réalisable pour toutes les parties de notre fabrication qui ne sont pas exposées à la concurrence de l'étranger, il est évident qu'on ne peut songer à la mettre en pratique pour les autres qu'après avoir obtenu l'adhésion des pays où se fabriquent les produits similaires. Sans cette adhésion en effet le salaire de nos ouvriers étant le seul augmenté, nos produits ne pourraient plus lutter sur le marché avec ceux des fabriques étrangères. Mais, les ouvriers de tous les pays ont assez d'intérêt à l'adoption d'une mesure qui doit augmenter leur bien-être et assurer leur avenir, pour qu'on puisse affirmer sans crainte que notre initiative sur ce point sera accueillie avec reconnaissance.

Je l'ai dit plus haut, et je le répète, c'est là le meilleur, l'unique moyen de ruiner à tout jamais l'influence des agitateurs sur l'esprit de l'ouvrier. Convaincu de l'inanité, de la vanité des doctrines que lui prêchent les faux prophètes du jour, assuré, par les faits, de la bienveillance fraternelle des classes aisées, dont on voulait le faire l'ennemi, il s'attachera fermement à la cause de l'ordre, seule garantie désormais de sa vie et de son bien-être et sans lequel seraient de nouveau remis en question ces biens si précieux et si chèrement achetés.

De tous les centres manufacturiers de l'étranger seraient délégués vingt ou trente représentants pour chaque pays, munis de pleins pouvoirs, et qui se rendraient, à des époques fixées, aux réunions des délégués généraux de France, soit à Paris, soit dans une autre ville, pour régler et arrêter définitivement entr'eux les bases de l'accord dont j'ai parlé plus haut. La première condition de cet accord serait qu'ils s'engagent par serment et sur l'honneur à faire exécuter fidèlement, dans leur pays, les réglements adoptés à la majorité par l'assemblée, réglements dont la durée pourrait être fixée à vingt-cinq ans ou à quinze ans.

Quelle gloire et quelle force n'acquerrait pas un gouvernement qui se mettrait à la tête de cette organisation! Il tiendrait le peuple par les liens les plus forts, ceux de la reconnaissance. Il aurait bien mérité de la société et aurait fondé à jamais l'ordre et la tranquillité sur les bases solides de la prospérité générale!...

EXTRAIT DU *MONITEUR UNIVERSEL*, DU 9 DÉCEMBRE 1849.

(1ᶜʳ Supplément, Nᵒ 343—3954).

ASSEMBLÉE NATIONALE LÉGISLATIVE.

Séance du 8 *décembre* 1849.

Présidence de M. Benoist d'Azy, vice-président.

M. Frédéric Pascal, rapporteur :

« Sous la date du 24 juin dernier, le sieur Fabius, domicilié à Lyon, présente des observations générales sur l'état des classes ouvrières et signale leurs douleurs et l'insuffisance du salaire comme un perpétuel danger pour la société.

« Pour obvier à cette insuffisance de salaire et aux misères qui en découlent, le sieur Fabius propose de déléguer, par voie d'élection, des ouvriers et patrons de chaque corps d'état ou métier. Ces représentants ou délégués du travail, élus dans chaque canton, se réuniraient dans une seule assemblée pour toute la France, et, après discussions préalables, ils fixeraient le prix de la main-d'œuvre de chaque état, en basant ce prix sur les besoins justes et réels d'un ouvrier économe et laborieux. Les prix, une fois débattus et ainsi établis dans chaque catégorie, seraient obligatoires et invariables sur toute la surface de la République, jusqu'à ce qu'ils fussent modifiés par une nouvelle réunion de l'assemblée des délégués. Cette institution pourrait s'étendre même au salaire des ouvriers agricoles.

« Comme la conséquence évidente de ce projet serait, ainsi que l'indique l'auteur, une augmentation du salaire des ouvriers, il en résulterait un prix de revient plus élevé pour la production nationale, et une nouvelle aggravation dans notre concurrence avec l'étranger. Afin de parer à ce grave inconvénient, le pétitionnaire fait appel à un congrès général de délégués des peuples industriels, dans le but d'arriver, autant que possible, à égaliser partout les conditions du travail.

« Nous n'irons pas plus loin, dans cette analyse du projet du pétitionnaire. Autant que personne, nous désirons l'augmentation de l'aisance dans la classe ouvrière ; mais, pour arriver à ce résultat, nous ne pouvons donner notre approbation aux moyens indiqués par le sieur Fabius. A moins d'un accord impossible, nous le croyons plutôt de nature à empêcher le travail, par la mesure impraticable de la fixation des salaires égaux et obligatoires sur toute la surface d'un grand pays comme le nôtre, où l'industrie et l'agriculture présentent tant de conditions diverses.

« En conséquence, Messieurs, votre Commission a l'honneur de vous proposer de passer à l'ordre du jour. »

(M. LE PRÉSIDENT). La Commission propose l'ordre du jour.

(VOIX A GAUCHE). On n'a rien entendu !

(M. LE PRÉSIDENT). Vous n'avez rien entendu ! avez-vous bien écouté ? Je vais vous expliquer de quoi il s'agit et ce que j'ai entendu moi-même.

M. Fabius propose un projet de loi pour l'amélioration du sort des classes pauvres : c'est ainsi que cela est indiqué ; mais le projet, assurément très-important, comme vous le voyez, consiste dans une proposition de réglementation des salaires sur toute l'étendue de la République. C'est ainsi que M. le rapporteur l'a indiqué. Si une discussion doit s'élever, vous aurez la parole pour parler sur le sujet. La Commission propose l'ordre du jour.

Y a-t-il opposition ? Non ! non !

(QUELQUES VOIX A GAUCHE). Si ! si !

(M. LE PRÉSIDENT). Je consulte l'Assemblée, puisqu'on dit qu'il y a opposition.

(L'Assemblée, consultée, passe à l'ordre du jour).

Pour lever les objections faites par l'honorable M. Frédéric Pascal, rapporteur des pétitions, j'ai cru devoir démontrer par une *esquisse modèle*, que je présente ici dans ce *Supplément*, que les réformes que je propose sont très-praticables, et j'ai en outre la profonde conviction que le pays serait par là préservé de ces agitations périodiques qui le bouleversent et qui sapent les bases de sa prospérité.

SUPPLÉMENT.

(JANVIER 1851).

La France, par son organisation administrative, crée-
rait avec facilité, et sans aucune nouvelle charge pour
le Pays, des commissions pour le bien-être public.
L'Etat ferait élire, parmi les conseillers municipaux de
chaque commune, cette commission, qui s'adjoindrait
les hommes d'élite de chaque corps d'état ou métier,
pour être guidée par une appréciation juste et sévère
dans les résolutions à prendre sur chacune des diverses
catégories d'ouvriers.

Les décisions motivées de la Commission municipale
seraient adressées à la Commission cantonale, dont les
membres, avec les adjoints d'élite, seraient supérieurs
en nombre à ceux des Commissions communales, et
celle-ci, après mûr examen, enverrait ses décisions
motivées à la Commission départementale, composée de
conseillers généraux et de l'élite de tous les corps d'état,
qui à son tour ferait parvenir directement ses décisions
motivées à une Commission spéciale, prise parmi les
membres de l'Assemblée nationale et du Conseil d'Etat et
présidée par le Ministre de l'Agriculture et du Commerce
et par celui des Travaux publics; cette dernière commission serait chargée de statuer en dernier ressort et
de formuler ensuite en lois les décisions qui auraient
été prises.

Pour le moment, ne nous occupons que du bien-être
de la France; introduisons ces améliorations sur notre
territoire seul; commençons par les classes les plus mal-

heureuses ; améliorons d'abord la condition de ces ouvriers dont le travail est accompagné de dangers, tels que les mineurs qui travaillent à l'extraction du charbon, du minerai, des carrières ; les puisatiers, les maçons, les couvreurs, les bûcherons ; ensuite les charpentiers, les charrons, les menuisiers, les forgerons, les maréchaux-ferrants, les serruriers ; puis les tanneurs, les corroyeurs, les chapeliers, les cordonniers, les tailleurs, les tailleuses, les blanchisseurs, les blanchisseuses, les domestiques et tous ceux en général qui produisent pour l'intérieur et non pour l'exportation.

Aussitôt qu'on aura pu constater l'heureux résultat de cette tentative, on devra songer à étendre les bienfaits de cette organisation à tous les genres de fabrication pour lesquels nous n'avons pas à redouter la concurrence de l'étranger.

Chaque corporation ou corps d'état sera divisé en dix séries, en quatre catégories.

La catégorie A sera celle du novice : 1re, 2e, 3e année, ou série dont le travail ne dépassera pas

8 heures par jour.

La catégorie B sera celle de l'apprenti : 4e, 5e, 6e année ; . . . . . travail : 10 heures par jour.

La catégorie C sera celle de l'ouvrier : 7e, 8e, 9e, 10e année ; . . . . . travail : 12 heures par jour.

La catégorie D sera celle du maître-ouvrier ou maître.

L'apprenti ne sera reçu qu'à treize ans accomplis (1).

____

(1) ESSAI. — Cependant, une exception peut être établie en faveur des jeunes enfants de dix ans, pour les états ou métiers qui n'exigent pas une

certaine force corporelle, et auxquels peuvent être employés, sans nuire aucunement à leur développement physique, des enfants de cet âge.

A 10 ans accomplis, soit la 11ᵉ année :
> 4 heures de travail : de 10 heures à midi, et de 3 heures à 5 heures ;
> 4 heures d'école : de 8 heures à 10 heures et de 1 heure à 3 heures :
> 15 minutes de relâche seront prises sur les dernières heures d'étude.

A 11 ans accomplis, soit la 12ᵉ année :
> 5 heures de travail : de 9 h. 1/2 à midi et de 2 h. 1/2 à 5 heures ;
> 3 heures d'école : de 8 h. à 9 h. 1/2, et de 1 heure à 2 heures 1/2 :
> 15 minutes de relâche seront prises sur les dernières heures d'étude.

A 12 ans accomplis, soit la 13ᵉ année :
> 6 heures de travail : de 9 heures à midi, et de 2 heures à 5 heures ;
> 2 heures d'école : de 8 heures à 9 h. et de 1 heure à 2 heures :
> 30 minutes de relâche seront prises sur les premières heures du travail.

Pendant ces années d'essai, l'enfant pauvre recevra de la Caisse communale vingt-cinq centimes par jour, à titre de subvention.

Ou plus simplement l'enfant suivrait pendant ces trois années d'essai, l'école
> de 8 heures à 10 heures et de 1 heure à 3 heures, et travaillerait
> quatre heures par jour :
> de 10 heures à midi et de 3 heures à 5 heures.
> Une demi-heure de relâche serait prise sur les dernières heures de
> l'étude, le matin, à 9 heures 1/2 et le soir, à 2 heures 1/2.

APERÇU OU ESQUISSE.

Pour donner un aperçu de modèle à suivre, à peu près, prenons à l'avenant une de ces diverses professions, soit, supposé celle de tailleur ou de cordonnier.

Catégorie A. Novice. 1re année ou sa 14e d'âge. . . . . 8 heures de travail par jour : de 8 heures à midi, et de 1 heure à 5 heures, sur lesquelles seront prises 15 minutes de relâche, à 10 heures et à 3 heures.

» 2e » » 15e » . . . .

» 3e » » 16e » . . . .

» B. Apprenti. 4e année ou sa 17e d'âge ; par jour, salaire : 1 fr. 50 10 heures de travail par jour : de 7 heures à midi, et de 1 heure à 6 heures, sur lesquelles seront prises 30 minutes de relâche, à 8 heures, et 30 minutes à 4 heures.

» 5e » » 18e » » » 2 » »

» 6e » » 19e » » » 2 » 50

» C. Ouvrier. 7e année ou sa 20e d'âge ; par jour, salaire : 3 » » 12 heures de travail par jour : de 6 heures à midi, et de 1 heure à 7 heures, sur lesquelles seront prises 30 minutes de relâche, à 8 heures, et 30 minutes à 4 heures.

» 8e » » 21e » » » 3 » 50

» 9e » » 22e » » » 4 »

« · 10e » » 23e » » » 4 » 50

» D. Maître—ouvrier ou maître.

Ainsi, au-delà de la 10ᵉ série, l'ouvrier passera maître-ouvrier ou maître, et ses douze heures de travail seraient payées cinq francs.

Partout où *le travail à la tâche* peut remplacer *le travail à la journée*, il doit être appliqué de préférence. *Le travail à la tâche est toujours plus moral, plus équitable;* par ce moyen, aucune partie n'est lésée; le patron ne paie que l'ouvrage livré, exécuté; et l'ouvrier reçoit la rémunération juste de son travail et de son habileté.

Tout apprenti-novice, dont les parents sont dans une position telle qu'ils ne peuvent subvenir aux besoins de leurs enfants et qui se sera fait inscrire sur le registre tenu pour cet objet par la commission pour apprendre un état, recevra de la caisse communale, à titre d'aide, un secours de cinquante centimes par jour pendant toute la durée de son noviciat.

Mais dans les états qui n'exigent aucune étude préliminaire, où l'individu employé reçoit, dès le premier jour de son entrée chez son patron, un salaire qui atteint le chiffre fixé de la subvention fournie par la caisse communale, cette caisse n'aurait rien à donner; mais si l'individu ne reçoit rien, ou bien qu'il ne reçoive de son patron qu'un salaire inférieur au chiffre fixé, la commune fournirait ou compléterait cette somme.

Ce secours sera accordé pour tout le temps du noviciat, qu'il soit d'une, de deux ou de trois années.

Les communes reconnues pauvres, qui n'auraient aucun revenu, et qui se trouveraient dans l'impossibilité de s'imposer pour le tout ou pour une partie seulement, seraient exonérées de cette obligation qui retomberait sur l'État.

On demandera toutes les semaines, ou toutes les quin-
zaines aux patrons de ces apprentis un rapport : 1° sur
l'état moral de l'apprenti ; 2° sur son exactitude ; 3° sur
son aptitude et ses progrès.

Tous les soirs des jours ouvrables, l'apprenti se ren-
dra, de six heures à huit heures, à un cours tenu à cet
effet par l'instituteur de la commune ; l'enseignement
portera sur la lecture, l'écriture, l'arithmétique, l'histoire sainte, l'histoire de France, l'histoire ancienne et
la moderne, la géographie ; on y donnera quelques no-
tions d'hygiène et d'agriculture.

Ni le novice, ni l'apprenti, ni l'ouvrier ne pourront
être tenus à travailler les jours de fêtes reconnues par
leur religion ; l'israélite, par exemple, ne devra aucun
travail le samedi ; ni le chrétien le dimanche.

Les jours de fête, ils assisteront à l'office divin, de
huit heures à dix heures du matin, et de dix heures à
midi aux cours d'instruction religieuse et morale, et à
divers exercices de lecture et d'histoire.

La Commission cantonale, avec les adjoints d'élite,
formera un jury devant lequel l'apprenti subira un examen professionnel, dans le but de faire constater s'il
possède à un degré suffisant les connaissances afférentes
à sa profession, et s'il mérite de passer à une série su-
périeure ; cette Commission lui délivrera alors seulement
le certificat d'avancement.

Nul apprenti ne sera admis dans la catégorie C (des
ouvriers), série 7ᵉ, quand même il posséderait le degré
de connaissances exigé pour sa profession, s'il ne sait
lire, écrire et calculer.

Nul ouvrier ne pourra passer maître-ouvrier ou maître, s'il a encouru une condamnation à une peine afflic-

tive ou infamante, et par conséquent ne participera point aux avantages attachés à ce titre, à moins qu'il ne soit constaté que pendant un laps de dix années après l'expiration de sa peine, sa conduite n'ait été irréprochable.

Pour parer aux chômages, l'ouvrier aurait :

1° Les ressources qu'il se serait créées par les économies faites pendant les temps de travail ;

2° Les travaux que l'État ferait exécuter, c'est-à-dire, ceux qui peuvent, sans inconvénient, être réservés pour les époques où l'ouvrage manquerait aux ouvriers ;

3° Les travaux dont l'exécution serait obligatoire pour toutes les communes de France, travaux exclusivement réservés pour les temps de chômage et qui consisteraient :

A exécuter, sur des plans dressés par les ingénieurs de l'Etat, des travaux qui mettent chaque commune à l'abri de toute inondation quelque forte qu'elle puisse jamais être ;

A créer des rues larges, alignées, pavées; des maisons bien aérées, bien éclairées, des habitations remplissant toutes les conditions de salubrité; des fontaines publiques, des lavoirs, des pompes à feu (et dans les villages, des emplacements particuliers pour les engrais, à 200 mètres en arrière et vis-à-vis des maisons, en ligne ou autour du village);

A construire des canaux souterrains pour l'écoulement des eaux sales et des immondices ;

A curer les canaux, ruisseaux, rivières; à dessécher les marais, les étangs; à défricher les terres incultes ;

A édifier des maisons de prières : églises, temples;

A élever un hôtel-de-ville qui renfermerait, pour les petites communes :

Uue salle de bureau et une salle de délibérations ;

Une salle d'école pour les garçons et une pour les filles ;

Une salle d'asile ;

Une salle pour les malades pauvres (en danger), ⎰ desservies
Une salle pour les malades » (ordinaires), ⎱ par des sœurs ;

Une salle chauffée pendant tout l'hiver (depuis le 1er octobre au 1er avril) pour les pauvres sans ressources.

Les travaux seraient ainsi classés :

En 1re ligne, les travaux jugés indispensables ;

En 2e » » » nécessaires ;

En 3e » » » utiles ;

En 4e » » » agréables (pour l'embellissement et l'agrément de la commune).

On imposerait à chaque ouvrier, à partir du moment de sa réception dans la catégorie C (des ouvriers), 7e série, et cela pendant tout le temps qu'il serait occupé au travail de sa profession, l'obligation de verser dans une caisse sociale une somme de quinze centimes par jour, dont :

Un tiers pour la caisse de prévoyance qui viendrait à son secours au temps du chômage, en lui allouant une somme de tant par jour ;

Un tiers pour la caisse de secours, destinée à lui venir en aide à lui et à sa famille, pendant tout le temps de sa maladie ;

Un tiers pour la caisse de retraite, qui doit lui servir une pension aux jours de la vieillesse. Cette pension doit être calculée sur le montant de ses versements, augmenté des intérêts et de sa part proportionnelle dans les fonds laissés sans emploi par la mort des membres de l'association décédés sans famille ; le montant des versements d'un sociétaire mort sans famille étant acquis de droit à la caisse sociale.

Ainsi il serait ouvert à chaque ouvrier un compte s'appliquant aux trois caisses, en indiquant, pour chacune d'elles, dans trois colonnes :

1° Le principal des versements ;

2° Les intérêts ;

3° Sa part proportionnelle dans les fonds laissés sans emploi par la mort des sociétaires décédés sans famille.

Par l'adoption de mon projet qui est d'une exécution facile :

On fera disparaître la misère dans la classe des travailleurs ;

On les attachera à la cause de l'ordre qui, seule pourra leur garantir les avantages ci-dessus énoncés et que je résume ainsi :

Existence aisée par le travail pour l'ouvrier et pour sa famille ;

Economies qui lui permettront de parer au chômage, à la maladie et d'assurer le pain de ses vieux jours.

Pour les temps de chômage, ses ressources seront :

1° Les travaux réservés par l'Etat, par les communes, expressément pour ces circonstances ;

2° Ses économies personnelles ;

3° Les secours qu'il pourra tirer de la caisse de prévoyance.

Pour le cas de maladie, ces deux dernières ressources lui seraient encore assurées.

Au temps de la vieillesse, il joindrait à ses propres

économies la pension qui lui serait servie par la caisse
de retraite.

Ainsi nous aurons détruit les causes de désordre et de
révolution en détruisant la misère, ainsi le bonheur de
la France sera assuré et tous les peuples à l'envi voudront
suivre notre généreuse initiative.

Si le gouvernement, qui possède tous les moyens nécessaires pour mener à bien toutes ces réformes, refusait
de s'en occuper, les ouvriers alors devraient en prendre
eux-mêmes l'initiative; ils formeraient parmi eux des comités communaux, des comités cantonaux qui seraient
les jurys d'examen, et un conseil supérieur à Paris, dont
les décisions seraient respectées dans toute la France,
par toutes les corporations d'ouvriers qui y seraient re-
présentées ; car les réformes ne seront efficaces qu'autant qu'elles seront générales, et il n'y aurait rien à es-
pérer de réglements qui n'auraient de force que dans
telle contrée et qui seraient nuls et non avenus dans telle
autre.

Les bases des salaires doivent être bien mûrement
établies et n'être fondées que sur la droiture, la justice,
l'équité ; rien d'extravagant, rien d'outré; autrement
elles ne prendraient pas racine dans le pays et les ouvriers retomberaient, par des demandes exagérées, dans
la position dont ils s'étaient flattés de sortir.

Les décisions proposées, débattues et fixées par les
délégués, les arrêts rendus par eux, étant le résultat d'un
accord général, devront être partout strictement res-
pectés.

Tous les vingt-cinq ans ou tous les quinze ans, il y

aurait convocation d'une assemblée générale de délégués qui déciderait si une révision des statuts est nécessaire.

Et le jour où l'on aurait été assez heureux pour obtenir l'assentiment de l'étranger et lui faire accepter ces réformes, ce jour-là, elles pourraient s'étendre, sans exception aucune, à tous les genres de produits, à tous les articles de fabrication, à ceux mêmes pour lesquels nous sommes en concurrence avec lui.

Alors, ces réformes acceptées, d'un commun accord, par les pays étrangers, deviendraient, pour ainsi dire, *lois universelles, et le repos du monde serait assuré !..*